Les âmes vaillantes

Clémence Adam

Les âmes vaillantes

Recueil

ISBN : 979-10-377-7010-3

À celles et ceux qui pensent n'être personne,
je vous dédie ces quelques poèmes
car l'espoir existe toujours
même dans l'adversité.

Le miroir

Je glisse doucement sur le miroir de ma vie
Mes peurs, mes angoisses m'accompagnent
Parfois une idée, un doute m'envahit
Et la tristesse devient ma seule compagne

Le destin se joue de moi et de mes envies
La nuit des pensées inutiles m'assaillent
Le jour je vis sans et je les oublie
Au coucher du soleil elles me tiraillent

Je rêve parfois de mes plus beaux instants
Éphémères comme moi ils sont évanescents
Une lumière me guide dans mes tourments
La seule que je peux voir dans le jour naissant

Que partent les fantômes d'un passé douloureux
Qu'ils me laissent en paix au moment de l'adieu
Et je ferai de cette vie, une belle phrase
Dans ce roman de poussière qui s'embrase

Ma lumière

J'ai dessiné mes souvenirs à l'encre délavée sur un carnet
miteux
Que sais-je de mes désirs ?
À l'heure actuelle j'en ai éteint le feu
Je tourne et retourne le passé dans ma lourde tête
Et ne veux plus souffrir par manque du précieux être

À toi, étoile guidant mes pas dans la nuit,
Je veux appartenir loin du profond ennui
Je souhaite te distinguer parmi les créatures
Étranges que je rencontre souvent dans la nature

Mes yeux te découvrent et mes mains vides s'affolent
De ne tenir de toi qu'une idée un peu folle,
Que du néant gris jaillisse la couleur
Qui fait de l'enfant-roi un être bien meilleur

Je t'attends depuis longtemps comme je t'espère
Tu seras comme je l'ai voulu, mon guide, ma lumière,
Et je te donnerai tout de moi jusqu'à l'âme,
Puis tu feras de mon corps ton invincible flamme

Enfin je comprendrais ce qu'est l'enchantement,
Lorsque tu me diras : « je t'ai cherché longtemps »
Et dans un même accord nous disparaitrons
Au cœur de l'Océan, dans un silence profond

Où vont tous ces enfants ?

Où vont tous ces enfants dont pas un seul ne rit ?
Qui la nuit en dormant rêvent d'une autre vie
Ils cherchent la lumière partout où il fait nuit
Leur âme si amère, les ténèbres l'ont remplie

Chaque coup, chaque outrage ternissent leur éclat
Humiliés chaque jour sans même savoir pourquoi
Ils prient tant en secret pour que cela cesse
Pour qu'enfin s'arrête l'injustice qui les blesse

Où vont tous ces enfants dont pas un seul ne rit ?
Qui la nuit en fermant leurs beaux yeux sous le lit
Prient très fort pour qu'enfin Dieu les rappelle à lui
Pour que ceux qui les frappent renoncent à cette folie

Pourquoi tous ces enfants dont pas un seul ne rit ?
Pourquoi en s'endormant ont-ils peur de la nuit ?
Pourquoi ce silence remplacé par des cris ?
Pourquoi leur innocence est-elle perdue ainsi ?

Où vont tous ces enfants dont pas un seul ne rit ?
Qui ne savent même plus qu'un jour on leur a dit
Je t'aime mon petit, je t'aime pour la vie
Et qui veulent plus que tout aller au Paradis

Fête des Mères

Bonjour petite maman
Qui lentement se réveille
Le soleil te saluant
De feu et de merveilles
S'est levé aujourd'hui
Pour éclairer les mères
Qui ont porté les fruits
De l'Amour qui sur Terre
Est le plus beau cadeau
Celui d'offrir la vie
À ceux qui l'aiment trop
Et qui ne l'ont pas dit
Assez souvent l'Été
En Hiver, en Automne
Et qui gardent le secret
Pour ces mots qui raisonnent
Maman toujours je t'aime
J'espère que tu le sais
Tout au fond de mon âme
Et pour l'éternité

Vertige

Tel un funambule au-dessus de l'eau impatiente
Je rêve que je m'évade dans un monde futile
Où l'ivresse de la joie ne tient plus à un fil
Quand les efforts sont vains et la vie aberrante

Que dire du grand secret qui me contrôle
Cette maladie tragique qui ronge ma tête
Dans cette mascarade où je joue un rôle
Mon cœur plus jamais ne sera à la fête

Les âmes se rencontrent, elles s'attendent
Suspendues à des fils elles se sentent guidées
Par un marionnettiste qui connait leur passé
Et qui les fait s'aimer même dans la tourmente

Je suis cet acrobate qui grimpe à l'échelle
Et qui se jette au-dessus d'un filet tendu
Je voltige, je m'évade, j'ai presque des ailes
Et je sais qu'un beau jour je resterai pendu

Errance

Le temps coule et s'enfuit nous reprenant la vie
Vieillesse désabusée plongée seule dans son lit
Elle attend la faucheuse mais l'heure n'est pas venue
Bientôt l'immense brouillard remplacera sa vue

Parcourue de douleurs, gémissant sur son sort
Elle attend lentement le spectre de la mort
Quel est cet Océan de frayeurs et de brumes
Qu'elle devra traverser sans guide sans Lune

Elle voit ses souvenirs, va d'image en image
Le temps d'un sourire et elle tourne la page
Elle retrace sa vie en éternels regrets
Se rappelant jadis et les douceurs de mai

Les pays inconnus où elle erre en secret
Sont ceux des songes humains où le temps disparait
Elle y a découvert les merveilles de l'esprit
Que l'Homme ne peut créer qu'une fois endormi

Elle souhaite tant se perdre dans ses rêves
Où jamais elle n'a mal, où jamais elle n'a peur
Mais la vie ne lui laisse qu'une courte trêve
Elle rit en attendant que s'arrête son cœur

Mes dix ans

J’aimerais être un enfant qui marche sur le sable
Rêvant au beau château qui se cache dessous
J’aimerais être un enfant qui court dans la boue
Sur l’herbe détrempée, dans le foin d’une étable

J’aimerais être un enfant qui rêve de voyages
Qui parcourt le monde dans des songes merveilleux
Dans lesquels la paix est encore d’usage
Et la haine des grands, inconnue des heureux

J’aimerais être un enfant qui attend dans la classe
Que vienne la récré pour enfin jouer à chat
Partir à l’aventure, prendre le trésor d’un Roi
J’aimerais être un enfant savourant une glace

J’aimerais être un enfant qui joue à être grand
Qui prend exemple sur vous mais qui a peur du noir
J’aimerais être un enfant pour jouer à Peter Pan
Et garder l’espoir de toujours y croire

J’aimerais être un enfant qui trace dans les nuages
Des visages magiques qui se parlent en souriant
J’aimerais être cet enfant qui trouva l’Océan
Et pour une journée retrouver mes dix ans

Le retour

L’évidence me saisit, je ne sais pas quoi faire
De ma triste vie, dans ce plein désert
Une soif d’espérance me taraude
Comment séparer ces idées penaudes

Le sel emplit ma bouche d’amertume
Je suis perdu au milieu des embruns
J’étais parti pour faire fortune
Et je me retrouve simple marin

Revoir ma maison une dernière fois
Avant de sombrer dans la folie
Je souhaite en effet retourner chez moi
Après quinze années de tracasseries

Comme Ulysse elle m’accueillera rieuse
Oui, ma femme sera des plus heureuses
Quand je lui dirai doucement, vraiment bas
Que mon vrai trésor en fait c’étaient ses bras

Disparition

Des idées et des rêves plein la tête
J'ai fait fortune avec mes mots
Écrivain sans lune presque poète
J'ai porté longtemps un fardeau

De mes mains souvent impatientes
J'ai décrit un monde nouveau
D'où j'ai tiré ma force insolente
Afin de n'en garder que le beau

De mes espoirs et mes envies
J'en ai fait d'insolites histoires
Tant pour les grands que les petits
Avant d'annoncer mon départ

J'écrivais comme je respire
J'avançais toujours confiante
Mais je suis partie sans rien dire
Car ma joie s'était faite dolente

La fuite

Parfois je m'évade en des songes merveilleux
Je ne touche plus terre je vole dans les cieux
La terre est petite, la vie bien plus belle
Alors je reste là, et j'attends au soleil

La jeune fille d'hier, est partie je le sais
Elle vieillit lentement, fait une place nouvelle
À la femme d'aujourd'hui qui espère dans l'après
Retrouver sa beauté perdue, cette étincelle

Qui faisait tant briller ses yeux et son cœur
Mais qui a fait place à une terrible peur
Celle de ne plus être aussi forte qu'autrefois
À cause d'une maladie qui dévore, quel effroi !

Son corps qui a changé, est devenu étroit
Pour son âme abimée, sans même savoir pourquoi
Elle rêve du changement, du retour de l'être
Qu'elle aimait en secret, dans une vie qu'elle regrette

Debout

Parfois les ténèbres envahissent ma pensée
Je ne suis alors plus capable de vivre
Sans garder en moi cette force avortée
Qui transparaissait déjà dans mes livres

J'écrivais alors prisonnière du passé
Sur d'étranges maladies qui m'abrutissaient
De leur souvenir je gardais illusionnée
Des réminiscences, des rêves, des idées

J'étais alors bien triste de ne conserver
Qu'une si brève rencontre heureuse
D'un ami que jamais je ne puis oublier
Et qui fit disparaitre mes manies peureuses

Cette amitié tranquille me fut réconfortante
Quand dans cette vie je me méfiais de tous
Depuis j'ai réussi à avancer confiante
Vers un avenir où je suis à nouveau debout

L’autre

La confiance en soi est chose précieuse
Elle anime notre corps et notre esprit
Elle soulage souvent, donne du répit
À nos âmes tourmentées et peureuses

Aller vers l’autre c’est donner son cœur
À quelqu’un qui en comprend le mérite
Et puis c’est aussi dire oui au bonheur
Qui restera un temps et partira vite

Il nous faut profiter de ce qui est donné
Par l’être qu’on chérit plus que nous-même
Car cette courte vie par moments insensée
Ne nous laissera que des souvenirs blêmes

L’autre c’est celui qui nous voit vraiment
Comme une moitié d’âme à compléter
Et qui nous donne un courage d’enfant
Pour affronter le monde et sa réalité

Ensemble

Seule dans cette existence, perdue
Je cherche en vain un autre être
Qui comprendra mon silence reclus
Derrière une barrière dans ma tête

Il viendra me soutenir, me soulager
Pour que nous puissions vieillir
Ensemble dans ce monde outragé
En nous fabriquant un bel avenir

De seule et dépourvue d'amour
Je passerais alors soudain la frontière
Qui sépare les malheureux, les fous
De ceux qui ont une vision claire

Je serais alors bénie des dieux
Car ma vie autrefois triste et solitaire
Sera celle des grands amoureux
Qui ne connaissent pas la misère

Le souvenir des disparus

Un seul être vous manque et tout est dépeuplé
Cette phrase si vraie m'a bien souvent hantée
Car j'ai perdu des âmes au fil de ma courte vie
Qui me manquent cruellement, surtout la nuit

Elles peuplent mes pensées, parfois si tristes
Que j'en ai la nausée, le vide me remplit
D'une angoisse si terrible que je m'enfuis
Dans des songes merveilleux et hédonistes

La douleur qui étreint les manques d'amour
Se fait soudain si forte qu'il faut bien lutter
Pour que les idées noires qui durent des jours
Ne gagnent pas la guerre des sombres alliés

J'ai besoin de lumière pour toujours me guider
Sur les futurs chemins, incertains de ma vie
Afin que le beau souvenir des êtres aimés
Perdure bien au-delà du temps, à l'infini

Un nouveau départ

Ces tristes pensées qui m'assaillent jour et nuit
Ne me laissent une trêve qu'une fois endormie
De bien heureuses nouvelles ne me laissent de répit
Que si je me concentre sur leur beauté et puis

Si j'en perçois l'écho elles me réchauffent le cœur
Et me font oublier cette invisible peur
Qui étreint de tout son être, de tout son malheur
Mon corps qui se rebelle et qui crie de douleur

La naissance d'un enfant m'apporte de la joie
Même si en l'occurrence il n'est pas de moi
Ma famille s'agrandit et avec elle mes lois
De tolérance, d'amour et de nouveaux émois

Cette bienveillance qui accompagne ses pas
Me renvoie à l'enfance et à ses faibles tracas
Elle balaie ma tristesse et enfin me pourvoit
D'une nouvelle force et d'un meilleur éclat

Léo

J'essaye du plus loin qu'il m'en souvienne
De revivre joyeusement mes amours lointains
À travers le rire clair profondément cristallin
D'un enfant qui découvre une vie qui est sienne

De ses premiers pas à ses premiers chagrins
Je retrace avec lui mes souvenirs anciens
D'une enfance magique qui fut merveilleuse
Que je lui transmets dans une force tumultueuse

Je l'apprivoise faiblement, de jour en jour
Je découvre sa malice et ses jeux innocents
Je me revois croyant les fables des grands
Qui m'enveloppaient de leur si sûr amour

Léo, ce petit roi est venu en ce monde
Pour apporter la joie par ses grands sourires
Il emporte avec lui mes chagrins d'outre-tombe
Pour m'apaiser, serein et enfin me guérir

La belle Dame

Par un beau matin habillé de soleil
Je te découvrirais seul reflet du miroir
Qui accompagna ma vie de désespoir
Et qui sera alors de nouveau, merveille

Tu me rassureras de ta solide chaleur
Et te fera cocon pour accueillir mon cœur
Qui grandira en toi comme mille couleurs
Quand mon être si dur sera enfin douceur

Ainsi je deviendrai ta muse, ton royaume
Et tu seras pour moi ma source de lumière
Toi le chevalier sans armure, sans heaume
Et moi la belle Dame d'une nouvelle terre

De nous deux il naitra une grande lignée
Et nous vieillirons ensemble, entourés
Avant d'aller dormir par une belle nuit
Et de partir à l'aube vers un autre pays

Les voiles anonymes

Comme des bateaux ivres nous errons sur terre
À la merci des vents et de leurs contraires
Nous voguons patiemment entre les frontières
Qui nous séparent plus surement que les mers

Affrontant les tempêtes nous naviguons vaillants
Traversant les orages et leurs brefs tourments
Nous allons courageux et le cœur en avant
Bravant les furies, les heurts de l'Océan

Au milieu des épreuves se trouve un îlot
De paix, de joie, d'amour et de sérénité
Que nous retrouverons un jour de plein été
Dans une vie harmonieuse où il fera bien chaud

Nous oublierons alors les frimas de l'hiver
Et nous vivrons enfin entourés de lumière
Nos enfants connaitront le bonheur et la paix
Et nous serons alors plus riches que jamais

À ceux que j'ai aimés

Elle vient me visiter, cette solitude
Parfois si tenace et parfois si glacée
Que mon cœur en souffre trop amer et blasé
Lui qui la connait bien, triste lassitude

Je soupire après mes fantômes passés
Elles reviennent me hanter ces pâles figures
Tous ces gens disparus, ces personnes que j'aimais
Et qui ne m'ont laissé qu'un vide, une fêlure

J'en garde le souvenir précieux dans ma tête
Et mon corps se fait lourd d'avoir à trop porter
Le chagrin qu'il me reste de leur départ hâté
Et la peur pour les autres, ceux qui me restent

Un jour je partirai aussi les retrouver
Et ce sera alors une bien joyeuse fête
Je leur dirai bien sûr à tous qu'ils m'ont manqué
Et la douleur pourra ressortir de ma tête

Amour perdu

Je n'ai gardé de toi qu'un souvenir ému
Si douloureux parfois, il me revient à nu
Lorsque mes seules pensées se dirigent vers toi
Elles ne me retiennent plus, je t'aimais autrefois

Mon cœur souffre encore de ne plus recevoir
Ton amour qui me hante dans ce désespoir
Il ne reste de toi qu'un vide infini
Que je ne peux combler, si seule dans ma vie

Nous nous sommes séparés, nos deux âmes percluses
Toi tu as retrouvé l'amour, je suis restée
Dans l'attente de toi, j'ai aussi essayé
Mais il n'est pas facile de combattre l'intruse

Aussi je t'ai laissé à ta nouvelle vie
Et je suis retournée à ma triste folie
De nous deux je suis à présent la seule
À vivre le tourment d'avoir fait notre deuil

L'abandon

Écrire pour exprimer ce qu'on ne peut montrer
Cacher aux autres sa peine et sa tristesse
Je suis une façade de maison écroulée
Dont il ne reste que l'âme en détresse

J'ai essayé bien sûr d'atténuer ce mal
Qui me ronge du dedans et qui jamais ne part
Ma vie se consume dans des matins pâles
Et je reste au bord de moi face au départ

J'aimerais tant aller dans ces pays de chaleur
Où il semble que l'été atténue les douleurs
Mais je reste sur place dans un soleil glacé
Où de guerre lasse je suis abandonnée

Je trouverai un jour la nouvelle famille
Qui me fait tant défaut, qui ne veux pas de moi
Enfin j'aurai cet enfant aux yeux qui brillent
Et que je bercerai avec au cœur la joie

Le nouveau monde

Assise en bord de mer j'aperçois les bateaux
Qui dérivent sans fin vers de lointains pays
J'aimerais être l'un d'eux et partir matelot
À leur découverte au fil de mes envies

Peut-être y trouverais-je la paix de l'âme
Que seuls les voyages peuvent m'offrir
Afin de raviver cette bien pauvre flamme
Qui me servait de guide, était mon seul empire

J'oserai à nouveau vivre, oui pleinement
Et laisserai derrière moi un passé alourdi
De peine et de misère, de manques et de folies
Qui ont fait de ma vie un enfer trop pesant

Et je rencontrerai des hommes semblables
À ceux dont j'ai rêvé, beaux et admirables
Qui ne savent du monde que ce qu'ils ont créé
Et qui n'ont dans le cœur aucune méchanceté

La perte

Des fleurs pâles entourent ton visage blême
Le moment est venu de te dire adieu, va !
Ton parfum déjà s'estompe, comme je t'aime
Ma douleur si forte t'accompagne, se fait croix

Je la porte mais je dois ne garder que la joie
Des moments du passé qui me semblent si courts
Maintenant que tu pars mon cœur a déjà froid
Du manque de ton être, de perdre ton amour

Tu ne seras plus là pour vite me consoler
De ta perte, il faudra que je trouve le courage
De continuer sans toi et ton beau visage
Pour me guider, sans ta lumière envolée

Tu as rejoint les cieux, si loin, au firmament
Afin que je sache, que tu guides ma vie
Je pense à toi, le cœur apaisé et confiant
Et veux me souvenir toujours de toi, Mamie

Souvenirs perdus

Actrice de son destin, ancienne gloire déchue
Elle ne vous parlait pas, elle ne le pouvait plus
Attendant le retour de ses amours perdus
Elle dansait et vivait loin du monde qui fut

Rempli de belles fêtes, de souvenirs émus
Elle en perdait la tête, tourbillons ingénus
Qui lui laissaient le goût des parfums répandus
Comme autant de couleurs, de rêves défendus

Comment laisser ce monde, ancien et tolu
Pour retrouver une vie sans odeur, sans but
Elle ne peut que plonger dans ce vide absolu
Qui aspire sa mémoire et éteint toutes vues

Bientôt la mort frappera, elle ira résolue
Vers un autre monde s'y rendant presque nue
Dépouillée des songes qui auront disparu
De son être, autrefois si beaux, dans l'absolu

Rengaine éternelle

Aujourd'hui j'ai rêvé d'un bateau beau, fier,
Qui naviguait paisible, tranquille sur les mers
Il filait aussi vite qu'un oiseau de proie
Qui fonce sur sa victime en respectant la loi

D'une nature cruelle mais combien nécessaire
Pour garder l'équilibre si souvent précaire
Que l'homme a détruit, pauvre fou, sans gêne
Qui ignore ce que lui coûte cette rengaine

« La nature donne, mais elle reprend toujours
À nous de respecter la vie qui sur la terre
Nous a été donnée grâce au peu de lumière
Que nous avons en nous, qui s'appelle l'amour »

Terre blessée

De lointains rivages, en éternelles forêts
Je parcours de mes yeux une nature fragile
Parfois il me semble qu'elle pourrait, docile
Nous appartenir si nous étions « Respect,

Amour et protection », mais hélas non jamais,
Nous ne comprendrons sa force et sa faiblesse
Qui peut se jouer de nous, humains en détresse
Car elle est vengeance en face de nos méfaits

Le miroir de nos âmes trahit sa confiance
Car nous sommes sur terre dans la destruction
Des fruits qu'elle promet, souvent sans conditions
Nous ne méritons pas ses bienfaits, sa vaillance

Ainsi nous finirons dans son cœur outragé
Et sa bienveillance nous accueillera alors
Lorsqu'elle sonnera, l'heure de notre mort
Blottis au plus profond de notre Terre blessée

De guerre inutile

Depuis longtemps déjà je traine ma solitude
Sur des pavés usés par la pluie, mes larmes
Mon esprit complexe joue, vient et réclame
Plus d'amour qu'il ne peut avoir, sollicitude

Je suis triste et perdue sur ces chemins troués
Que même les souvenirs joyeux s'en éloignent
Il ne reste du passé que le sang et les flammes
Bouillonnants de douleur parmi les opprimés

Pourtant je reste debout parmi les oriflammes
D'un pays dévasté par la guerre et la peur
Dont les réfugiés se comptent par horreurs
Du fait d'une puissance qui les noie dans le drame

Bien souvent je songe à ces âmes perdues
J'aimerais que la paix revienne sur ces terres
Dévastées de chagrin, de peine et de misère
À cause d'un homme, « chère mémoire disparue »

Légende lointaine

J'ai trouvé ce matin une belle magie
Qui aide les âmes à partir au lointain
Au profond de mon cœur je ne sais si elle vit
Depuis toujours, vraiment ? Et à jamais ou bien

Peut-être que sa lumière me guidera aux confins
Du monde, de ses rives lointaines et inconnues
Et qu'à Brocéliande ou Avalon inclues
J'ôterai le brouillard qui voile mon destin

Je rencontrerai donc ces rois de légende
Qui vivaient de bravoure, d'amour et de combats
Loyaux et véritables compagnons dans la joie
D'une quête incessante qui courraient dans la Lande

Belles fées et farfadets seront de mon voyage
Et nous vivrons sereins, de baies et de simples
Je trouverai la paix intérieure, et c'est, humble
Que je m'évaderai, la tête dans les nuages

Écrire pour exister

Écrire encore et écrire toujours
La plus belle façon de dire qui l'on est
Exprimer sa folie, crier tout son amour
Aux autres, à soi-même, dans notre imparfait

Je rêve de ce jour où les armes perdront
Face à la puissance des mots, de leur pardon
Nous serons alors plus forts que jamais
Car nous disposerons d'un infini bienfait

De guérir les âmes et les cœurs, d'un geste
De la main, avec un crayon de bois sculpté
Se rendre compte du pouvoir qu'il nous reste
Pour sauver les cœurs perdus, agenouillés

Qui attendent parfois sur leur route tracée
À l'encre noire ou bleue une parole d'amour
Que seule la poésie viendra leur apporter
Pour qu'une flamme y renaisse à son tour

Vivez jeunesse

Courez jeunesse près du Lac Espérance
Cherchez le bonheur tant de fois promis
Oubliez le malheur qui vous a conduit
À chercher la paix qui repose au silence

Amenez tous ceux qui cherchent une famille
Aimez parmi eux les mendiants de tendresse
Recherchez l'enfant qui réclame l'ivresse
Que seule sa mère offrait pour que ses yeux pétillent

Courez jeunesse près de la Rivière Ange
Au fusil des soldats portez une fleur blanche
Imaginez le monde en repos du dimanche
Arrêtez les chars qui roulent dans la fange

Rêvez de misère envolée en miracles
Retrouvez vos pères qui en vain se battaient
Écrivez une Histoire sans guerres ni plaies
Avancez confiants, vos sourires en spectacle

Courez jeunesse près du Pont Innocence
Habillez vos matins d'éternels soleils
Guidez les orphelins qui tour à tour s'éveillent
Apprenez-leur d'amour que la vie est une chance

Table des matières

Imprimé en Allemagne
Achevé d'imprimer en août 2022
Dépôt légal : août 2022

Pour

Le Lys Bleu Éditions
40, rue du Louvre
75001 Paris

www.ingramcontent.com/pod-product-compliance
Lightning Source LLC
LaVergne TN
LVHW050340160826
845677LV00014B/3714
9791037770103